빛

글과 사진 **월터 윅** | 옮긴이 **조은영**

빛

글과 사진 월터 윅 **옮긴이** 조은영 **펴낸이** 김언호

펴낸곳 (주)도서출판 한길사 **등록** 1976년 12월 24일 제74호
주소 10881 경기도 파주시 광인사길 37 **홈페이지** www.hangilsa.co.kr
전자우편 hangilsa@hangilsa.co.kr **전화** 031-955-2000~3 **팩스** 031-955-2005

부사장 박관순 **총괄이사** 김서영 **관리이사** 곽명호 **영업이사** 이경호 **경영이사** 김관영
편집 김서영 **관리** 이중환 문주상 이희문 김선희 원선아 **마케팅** 서승아
디자인 창포 031-955-9933

A Ray of Light: A Book of Science and Wonder by Walter Wick
Copyright © 2019 by Walter Wick
All rights reserved. This Korean edition was published by Hangilsa Publishing Co., Ltd. in 2019
by arrangement with Scholastic Inc., 557 Broadway, New York, NY, 10012 through
KCC(Korea Copyright Center Inc.), Seoul.

이 책의 한국어판 저작권은 한국저작권센터(KCC)를 통한 저작권자와의 독점계약으로
한길사에 있습니다. 저작권법에 의해 한국 내에서 보호를 받는 저작물이므로 무단전재와 복제를 금합니다.

제1판 제1쇄 2019년 5월 25일

값 15,000원
ISBN 978-89-356-6778-9

- 잘못 만들어진 책은 구입하신 서점에서 바꿔드립니다.
- 이 도서의 국립중앙도서관 출판시도서목록(CIP)은 서지정보유통지원시스템 홈페이지(seoji.nl.go.kr)와
  국가자료공동목록시스템(www.nl.go.kr/kolisnet)에서 이용하실 수 있습니다.
  (CIP제어번호: CIP2019010796)

린다에게 바칩니다.

이 책에 대하여

이 책은 1997년에 발간된 『물 한 방울』의 자매판으로 구상되었습니다. 비록 이 책이 세상에 태어나기까지 무려 20년이나 걸릴 거라고는 상상도 못 했지만 말입니다. 대신 그동안 어린이를 위한 다른 책을 많이 만들었습니다. 그 책들은 제 눈으로 직접 봤던 것을 더 확실히 확인시켜 주었습니다. 바로 어린 독자들의 놀라운 시각적 예리함입니다. 이에 고무된 저는 구체적이고 단순한 실험으로 빛이라는 복잡한 주제를 다루어 볼 수 있겠다고 생각했습니다. 부디 독자들이 이 주제가 담고 있는 본질적인 경이로움을 손에 들고 있는 이 책만큼이나 가깝게 느낄 수 있기를 바랍니다.

이 책의 실험 사진은 몇몇을 제외하고 모두 제 스튜디오와 주변에 설치한 무대에서 디지털 카메라로 찍었습니다. 어떤 사진은 광도와 색의 균형을 맞추기 위해 두 개 이상의 노출을 조합했고, 어떤 사진은 명확하게 보이기 위해 약간의 보정을 해야 했지만 모두 본문에 설명된 현상에 충실합니다.

감사의 말

스콜라스틱 출판사의 내 오랜 동료 모두에게, 특히 끊임없는 성원을 보내준 엘리 베르거, 훌륭한 길잡이 역할을 해주며 오랜 기다림에도 격려로 함께한 켄 가이스트와 데이비드 세일러에게 깊은 고마움을 표합니다. 고등학교 물리 교사인 피터 무어와 조 만시노에게도 감사합니다. 이들은 풍부한 경험과 지혜로 이 프로젝트에 대한 열정을 처음부터 함께했습니다. 원고를 꼼꼼히 읽어준 미들 테네시 주립대학교, 물리학 & 천문학 교수인 빌 로버트슨에게 감사합니다. 만약 책의 내용에 실수가 있더라도 그것은 제 잘못입니다. 남다른 재능을 가진 스튜디오 보조 헤더 에일스워스에게도 특별히 감사합니다. 마지막으로 아내 린다 체버튼 윅의 사랑 가득한 응원에 고마움을 표하며 이 책을 린다에게 바칩니다.

우리 가운데 가장 슬기로운 자조차 자연, 그리고 태양이 보낸 이 밝은 전령 들이 우주를 쏜살같이 가로지르며 하는 일에 대해서는 아주 조금밖에 알지 못한다!

애러벨라 B. 버클리, 1878

빛이란 무엇일까?

지구에서 난 모든 것과, 우리가 마시는 물, 그리고 우리가 숨 쉬는 공기는 모두 원자로 만들어졌습니다. 원자는 물질을 구성하는 단위로 아주 작아서 눈에 보이지도 않습니다. 물질은 고체도, 액체도, 기체도 될 수 있으며, 우리가 보고, 느끼고, 냄새 맡고, 만지는 모든 것의 기본입니다.

그렇다면 빛은 어떨까요? 빛은 무엇으로 만들어졌을까요? 그리고 빛은 세상의 다른 것들과 어떻게 어울릴까요?

빛은 에너지다

손바닥을 마주 대고 빠르게 문지르면 마찰 때문에 손이 따뜻해집니다. 표면이 거친 돌에 성냥개비를 대고 세게 그으면 마찰로 인해 성냥 머리에서 불꽃이 일어납니다. 불꽃은 나무가 타는 동안 빛과 열의 형태로 에너지를 내뿜습니다.

빛은 고체도, 액체도, 기체도 아니지만, 이 세 가지 형태 모두 빛을 만들 수 있습니다. 불을 붙인 성냥이 초를 밝히면, 촛농이 녹으며 심지를 타고 올라가 불꽃에 더 많은 연료를 공급합니다. 불꽃은 수소, 탄소 그리고 산소 원자로 만들어진 거친 폭풍입니다. 수소, 탄소, 산소로 이루어진 큰 화합물이 작은 화합물로 쪼개지면서 빛과 열의 형태로 에너지를 방출합니다.

백열광

열에서 나오는 빛을 '백열광'이라고 합니다. 타는 양초, 시뻘겋게 달아오른 금속, 불타는 태양이 모두 백열광의 여러 형태 중 하나입니다. 왼쪽 사진의 백열전구는 전기가 흘러 용수철 모양의 금속 필라멘트를 가열해 부드럽고 붉은 불빛을 내고 있습니다. 온도가 높아질수록 빛의 색이 빨간색에서 주황색을 거쳐 하얀색으로 바뀝니다. 아래 사진은 위의 사진의 빛 아래에서 찍었습니다. 촛불보다 백열전구가, 백열전구보다 태양의 온도가 높기 때문에 같은 물체라도 우리 눈에 더 하얗게 보입니다.

형광등, 나트륨등, 발광 다이오드(LED)는 물질을 가열하지 않고 빛을 내는데, 색도 다양하고 온도도 높지 않습니다. 하지만 모든 빛은 '전자기 복사(전자기파)'라고 부르는 형태의 에너지로, 1초에 30만 킬로미터라는 맹렬한 속도로 이동합니다. 빛의 속도가 어찌나 빠른지 1억 4,960만 킬로미터나 떨어진 태양에서 출발해 아래의 티스푼까지 도달하는 데 8분 20초밖에 걸리지 않습니다.

빛의 파동

빛은 파동으로 움직입니다. 파동은 모두 비슷한 형태로 움직이기 때문에 물의 파동을 통해 빛의 파동이 어떻게 움직이는지 알 수 있습니다.

위의 사진에서 막대에 달린 공은 느리게, 보통, 빠르게, 이렇게 세 가지 속도로 진동합니다. 파동의 꼭대기(마루)는 진동하는 공이 발산하는 에너지 '펄스'를 나타냅니다. 이웃하는 마루 사이의 거리가 '파장'입니다. 이 공을 진동하는 하나의 원자라고 생각하면 공에서 퍼져나가는 빛의 파동을 상상할 수 있습니다. 우리는 파동을 직접 볼 수는 없지만, 눈 뒤쪽에 자리 잡은 신경을 때리는 파동의 '주파수'를 감지할 수 있습니다. 파장이 길수록 주파수가 낮고 빨간색으로 지각됩니다. 주파수가 올라가면 색이 바뀌는데, 중간 파장은 초록색으로, 더 짧은 파장은 파란색으로 지각됩니다.

빛의 파동은 빠르고 매우 작습니다. 위 사진 속 둥근 핀의 지름 크기에 빨간색 파장 약 6,500개, 초록색 파장 7,000개, 파란색 파장 9,000개가 들어갈 수 있습니다. 우리가 색을 구별할 수 있는 것은, 아주 빠르고 작은 에너지 펄스 간의 차이를 감지하는 두뇌의 놀라운 능력 때문입니다.

하지만 서로 다른 파장의 빛을 겹쳐 놓으면 더 이상 색을 구분할 수 없습니다. 빨간색, 초록색, 파란색 파장의 빛이 한곳에 모이면 흰색으로 보입니다.

빛과 장애물

빛은 가로막히거나 반사되지 않는 한, 완벽하게 직선으로 이동합니다. 위의 사진을 보면 왼쪽에서 들어온 한 줄기 햇살이 직선으로 이동합니다. 그러다 물을 채운 투명한 상자와 정면으로 마주치면 그대로 직선을 유지하면서 상자를 통과합니다. 그다음 비스듬히 서 있는 상자를 만나면, 직선으로 움직이지만 앞 쪽의 벽을 통과할 때 아래로 살짝 꺾였다가 나올 때 다시 위로 꺾여 올라갑니다. 이렇게 빛이 플라스틱, 유리, 물, 그 밖의 투명한 물질에 의해 꺾이는 현상을 '굴절'이라고 부릅니다.

빛은 공기 중에서는 빠르게 이동하다가 다른 투명한 물질을 통과할 때는 느려집니다. 그리고 다시 공기로 진입하면서 빠른 속도를 회복합니다. 이처럼 빛의 속도가 달라질 때 굴절이 일어납니다. 위의 사진을 통해 빛이 비스듬한 상자를 통과하며 '공기에서 물', 그리고 다시 '물에서 공기로' 이동하는 지점에서 굴절이 일어났음을 확인할 수 있습니다. 빛의 일부는 굴절과 동시에 반사됩니다. 두 번째로 반사된 빛은 상자를 벗어나며 윗부분에서 한 번 더 굴절합니다.

햇빛이 삼각형 모양의 상자 안으로 각을 이루며 들어가면 빛은 앞에서 본 사진 속 비스듬한 직사각형 상자에서처럼 아래로 굴절합니다. 그런데 빛이 상자를 빠져나갈 때 한 번 더 아래로 굴절하면서 빛을 구성하는 각각의 색으로 분리되기 시작합니다. 분리된 색은 사진의 오른쪽 끝으로 갈수록 더 뚜렷하고 생생하게 나타납니다. 파장이 짧은 파란색-보라색이 가장 크게 굴절하고, 파장이 긴 빨간색이 가장 작게 굴절합니다. 다른 색들은 그 사이를 차지합니다.

색상 스펙트럼

햇빛이 유리로 만든 프리즘을 통과해 굴절하면서 나오는 색은 정말 멋지고 선명합니다. 사진으로는, 특히 이 책에서 재현한 사진은 인간의 눈으로 직접 관찰한 색의 순도와 강도를 완전히 담아낼 수 없다는 점을 명심하기 바랍니다.

여기, 굴절된 빛의 경로에 놓인 한 장의 종이 위에 태양의 색이 모두 펼쳐집니다. 이렇게 연속된 색깔의 띠를 '색상 스펙트럼'이라고 부르는데, 빨강, 주황, 노랑, 초록, 파랑, 남색, 보라까지 무지개를 이루는 모든 색을 담고 있습니다. 스펙트럼의 각 색깔은 서로 다른 파장을 가지며, 다른 프리즘으로 한 번 더 굴절시켜도 더 이상 분리할 수 없습니다.

색상 스펙트럼은 우리 눈으로 볼 수 있어서 '가시광선'이라고 합니다. 가시광선 스펙트럼의 빨간색 바깥 쪽에는 적외선이 있는데, 피부의 열로 느낄 수 있습니다. 보라색 바깥 쪽에는 자외선이 있습니다. 자외선은 파장이 더 짧아서 피부를 손상시킬 수 있는 높은 수준의 에너지를 전달합니다.

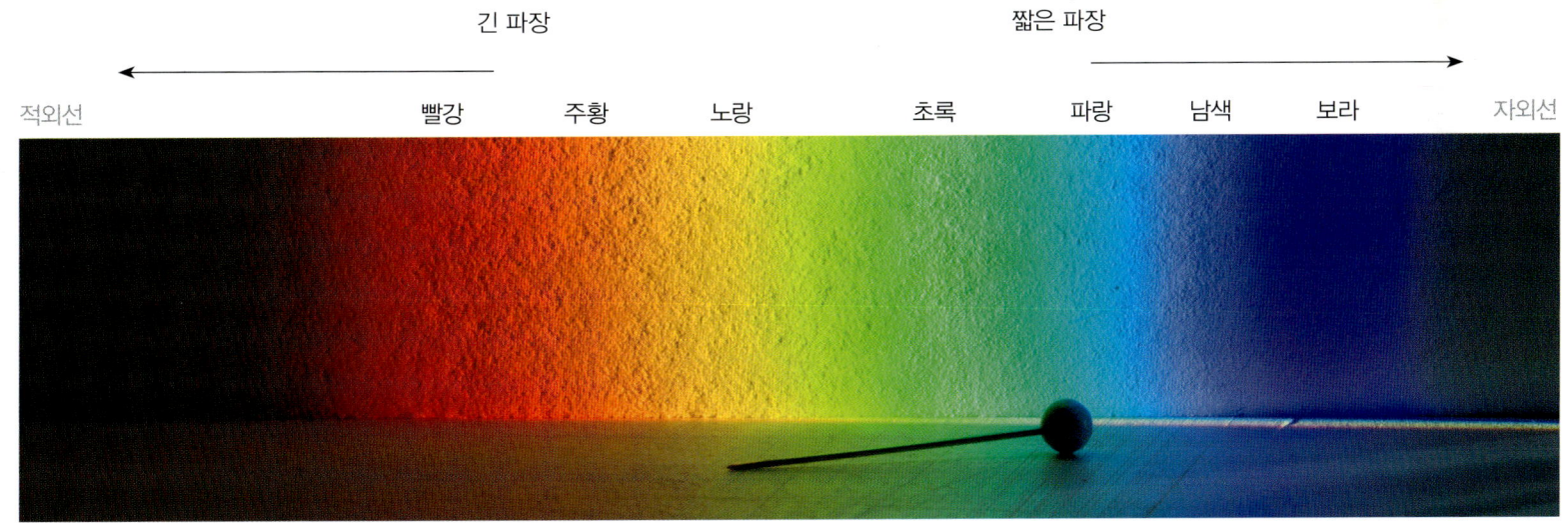

사라지는 색깔 속임수

빨간색, 초록색, 파란색 빛을 모두 합치면 하얀색으로 보입니다. 그렇다면 빨간색 빛과 초록색 빛만 합치면 어떻게 될까요? 빨간색 물감과 초록색 물감을 섞었을 때처럼 갈색을 기대했다면 놀랄지도 모릅니다. 빨간색 빛과 초록색 빛을 합치면 밝은 노란색이 만들어집니다. 초록색 빛과 파란색 빛을 섞으면 시안이라는 밝은 청록색이 만들어집니다. 빨간색 빛과 파란색 빛을 섞으면 자줏빛의 마젠타가 됩니다.

이것이 색이 사라지는 색깔 속임수의 기초입니다. 아래의 오른쪽 사진에서 돌고 있는 회색 팽이의 윗면은 사실 왼쪽의 사진처럼 다채롭습니다. 그렇다면 도대체 이 색이 어디로 사라진 걸까요?

빨간색, 초록색, 파란색, 또는 시안, 마젠타, 옐로우를 똑같은 양으로 칠한 팽이를 돌리면 회색이 됩니다. 왜냐하면 셋 중 어느 것도 다른 것보다 힘이 세지 못하고, 또 빠르게 섞이면 서로 다른 파장의 색이라도 우리 눈이 더 이상 구별하지 못하기 때문입니다.

이 책을 인쇄할 때도 비슷한 속임수를 썼습니다. 흰색은 종이 자체의 색이지만, 위쪽의 회색을 확대하면 시안, 마젠타, 옐로우의 아주 작은 점들이 만든 패턴이 드러납니다. 이 책의 다른 색들도 모두 이 세 가지 색의 힘을 조절해 만든 것입니다. 디지털 기기의 화면도 비슷한 원리로 작동합니다. 기본색이 시안, 마젠타, 옐로우가 아닌 빨간색, 초록색, 파란색이고, 흰색은 모든 색을 아주 밝게 만들어 표현한다는 차이가 있을 뿐입니다.

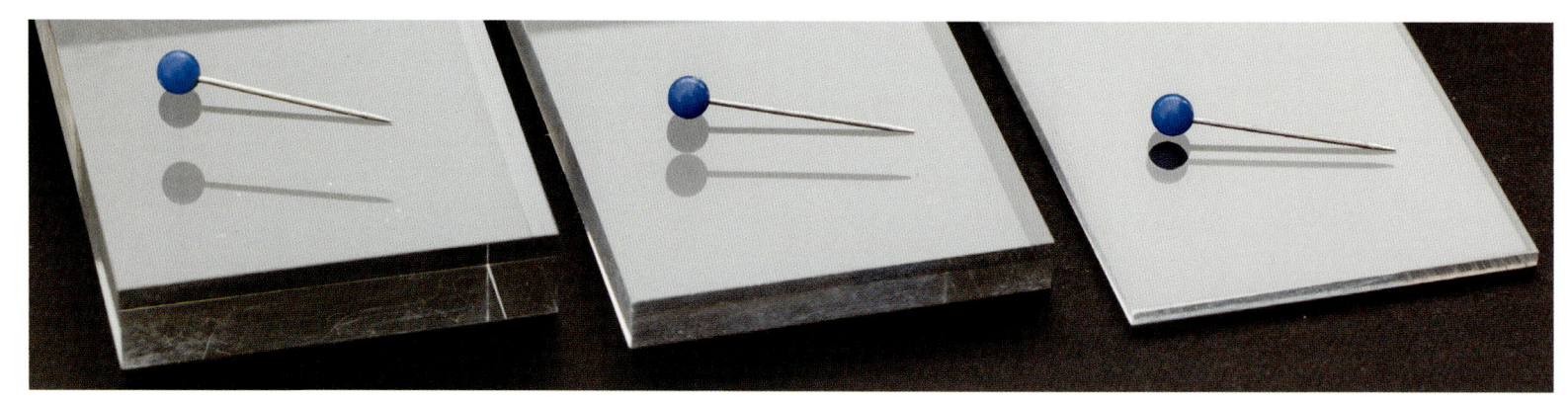

무지개색 훈색

오른쪽 사진은 철사로 만든 고리를 비눗물에 담갔다 뺀 것입니다. 어떻게 아무 색도 없는 투명한 액체에서 색이 보이는 걸까요? 투명한 물질의 앞면과 뒷면에서 반사되는 빛에서 그 단서를 찾을 수 있습니다.

비누 막은 증발하면서 매우 얇아집니다. 이 막이 빛의 파장에 가까운 수준까지 얇아지면, 막의 앞에서 반사되는 파동의 마루와 뒤에서 반사되는 파동의 마루가 서로 겹치게 됩니다. 위의 사진을 보면 핀을 올려놓은 판이 얇아질수록 핀의 두 그림자가 서로 가까워지는 것을 알 수 있습니다. 같은 파장을 가진 두 개의 파동이 반사한 뒤 마루끼리 정확히 겹치면 그 파장의 색은 밝아집니다. 하지만 다른 파장의 마루가 잘못 겹쳐지면 색을 보는 우리 눈은 혼란스러워집니다. 이런 현상을 빛의 '간섭', 그리고 그 결과 반짝이는 무지개색을 '훈색'이라고 부릅니다. 비누 막의 화려한 소용돌이는 막의 두께가 계속 변하기 때문에 생겨납니다.

반짝이는 자연의 색

공작새의 깃털, 나비의 날개, 딱정벌레의 등딱지, 조개의 껍데기는 자연에서 발견할 수 있는 훈색입니다. 바탕색은 갈색, 검은색, 흰색이지만, 표면의 미세한 돌기가 빛과 상호작용하여 표면이 반짝거립니다. 표면의 미세한 돌기에 빛이 부딪히면 일종의 간섭이 발생하는데, 마치 비누 막처럼 파장이 커지거나 약해집니다.

무지개는 자연이 햇빛의 색을 분리하는 또 하나의 방법입니다. 빗방울은 구형이기 때문에 그 둥근 모양이 렌즈로 작용해 빗방울 뒷면에 햇빛을 모아 밝은 점을 만듭니다. 그리고 하늘 어디에선가는 그 밝은 점이 빗방울 안에서 일어나는 굴절 현상 때문에 색의 스펙트럼을 비춥니다. 희미하게 빛나는 무지개는 얕은 수영장의 바닥에서 굴절된 빛의 무늬에서도 발견할 수 있다.

색소

비누막의 훈색이나 굴절된 무지개색은 눈부시게 아름답습니다. 하지만 태양의 각도, 보는 사람의 위치, 그 밖의 다른 요인에 따라 찬란하게 빛날 수도, 한순간에 사라져 버릴 수도 있습니다.

다행히 우리가 세상에서 마주치는 색의 대부분은 '색소'라는 좀 더 영구적인 물질에서 얻습니다. 과일과 꽃, 그리고 풍선에서 광고판에 이르기까지 색소는 어떤 파장은 흡수하고 어떤 파장은 반사해 우리 눈이 색을 보게 합니다. 분필은 흰색 색소입니다. 분필을 구성하는 칼슘과 산소 원자가 대부분의 빛의 파장을 반사하기 때문입니다. 숯은 검은 색소입니다. 숯을 구성하는 탄소 원자는 거의 모든 파장을 흡수하고, 흡수한 에너지를 열로 전환하기 때문입니다.

색소는 '염료'라고 부르는 액상 착색제와 함께 동물이나 식물에서 얻을 수 있습니다. 대부분의 색소는 땅에서 추출하지만, 합성한 화학물질로 만드는 색소도 있습니다.

만드는 법은 복잡하지만, 색소를 곱게 갈아 가루로 만들어도 색소 내부의 원자가 빛과 작용하는 방식은 달라지지 않습니다. 위 사진처럼 같은 빛 아래에서 파란색 색소는 파란색을 제외한 대부분 파장을 흡수하고, 노란색 색소는 노란색만 빼고 대부분 파장을 흡수합니다. 색소를 투명한 기름이나 물에 넣어 물감으로 만들면 여러 가지 색을 섞어 더 많은 색을 만들 수 있습니다.

렌즈

햇빛에는 강력한 힘이 있습니다. 창문을 통해 흘러들어오는 햇살에서 따뜻한 온기가 느껴집니다. 그런데 지름이 13센티미터인 평범한 돋보기 렌즈로 빛을 모아 성냥개비에 초점을 맞추면, 모든 에너지가 한 곳으로 집중되면서 몇 초 만에 성냥에 불이 붙습니다.

사람의 눈도 같은 방식으로 빛을 모읍니다. 맨눈으로 태양을 똑바로 바라보면 안 되는 이유가 여기에 있습니다. 눈의 수정체를 통과한 햇빛이 한 점에 모여 눈을 심하게 손상시키기 때문입니다. 여기에서 사용한 도구는 평범한 돋보기이지만, 햇빛을 모으는 데 쓰이면 '점화 렌즈'가 됩니다. 따라서 어린이들이 점화 렌즈를 쓸 때에는 반드시 어른의 지도를 받아야 합니다.

앞장에서와 마찬가지로 평범한 돋보기에 불과한 사진 속 렌즈도 사람의 눈처럼 벽에 양초의 이미지를 그대로 비춥니다. 벽 속의 이미지는 위아래가 거꾸로 보입니다. 우리 눈 뒤에 맺히는 물체의 이미지도 마찬가지입니다. 거꾸로 된 이미지를 바로 돌리는 일은 두뇌가 합니다. 진짜 촛불은 너무 뜨거워서 만질 수 없지만, 촛불의 이미지에서는 거의 열을 느낄 수 없습니다.

렌즈와 이미지의 이러한 배치는 스틸 카메라, 비디오 카메라, 필름 카메라, 그리고 디지털 카메라까지 종류에 상관없이 모든 카메라의 기본입니다. 이미지의 선명도를 높이기 위해 렌즈를 추가하거나, 떠돌아다니는 빛(미광)이 이미지를 비추는 것을 방해하지 못하도록 인클로저라는 장치를 쓰는 경우도 있습니다.

 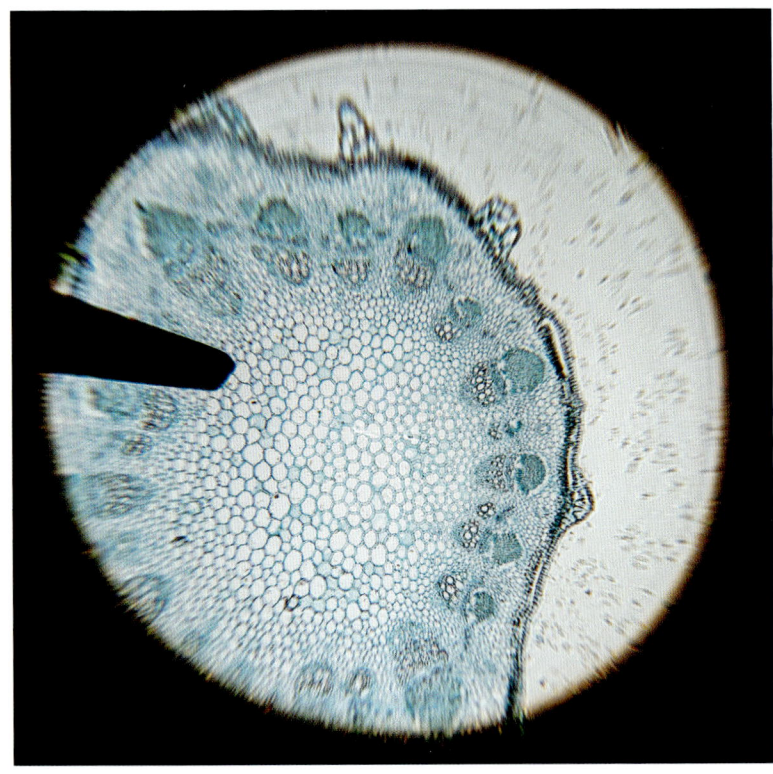

보이지 않는 것 보기

인간은 렌즈로 만든 간단한 확대경을 수천 년 동안 사용했습니다. 그러다가 약 400년 전에 현미경과 망원경이 발명되었습니다. 새로운 방식의 렌즈를 통해 과거에는 볼 수 없었던 경이로운 세상이 펼쳐졌습니다. 그것은 바로 동물과 식물의 미세 구조, 달의 산맥, 그리고 하늘의 새로운 물체들이었습니다.

초기의 현미경 렌즈는 유리를 녹인 액체로 만들었지만, 사진 속의 현미경 렌즈는 놋쇠로 된 나사받이(와셔) 안에 물방울을 띄워서 만들었습니다. 액체 렌즈는 고체로 된 유리 렌즈만큼 실용적이지는 않지만, 심한 굴곡 덕분에 해바라기 줄기의 단면을 커다랗게 볼 수 있습니다. 사진 속 줄기의 단면은 원래 크기보다 15배 확대한 것입니다.

 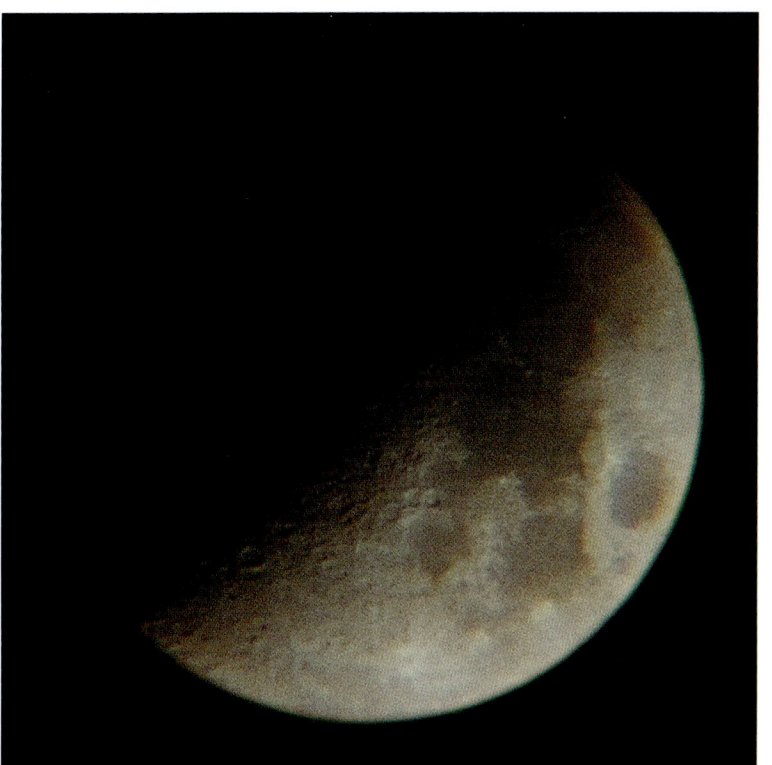

달의 산맥을 볼 수 있을 정도의 망원경은 일반 렌즈 두 개로 간단하게 만들 수 있습니다. 왼쪽 사진에서 더 가까이에 있는 렌즈는 '접안렌즈'인데, 강력한 확대경으로 아주 짧은 거리에 초점을 맞춥니다. 멀리 있는 렌즈는 '대물렌즈'인데 약하지만 더 먼 거리에 초점을 맞출 수 있습니다. 두 개의 렌즈를 통 위에 고정해 만든 이 망원경은 빛을 꺾는 렌즈의 기능을 강조해 '굴절 망원경'이라고 부릅니다.

빛을 사용한 새로운 도구로 발견한 것들은 옛날 과학자들을 대단히 놀라게 했습니다. 처음에는 위 사진 속 달처럼 이미지의 중심부만 선명하게 볼 수 있었지만, 과학자들은 인내심을 갖고 기계를 발전시켜 나갔습니다. 그들은 이 기계들을 사용해 경이로운 세계의 지도를 자세히 그릴 수 있었습니다. 이렇게 새로운 과학의 시대가 시작되었습니다.

대기층과 빛

태양은 지구와 달을 똑같이 비추지만, 푸른 하늘과 눈부신 노을은 지구에서만 보이고 공기가 없는 달에서는 절대 볼 수 없습니다.

빛은 진공 상태인 우주에서 가장 빨리 이동합니다. 그러다가 지구의 대기층에 도달하면서 조금 느려지는데, 빛이 공기에서 물로 갈 때 느려지는 것과 같은 원리입니다. 대기 상층부의 산소는 태양의 해로운 자외선 대부분을 흡수합니다. 한편, 가시광선은 공기 중의 다양한 분자 때문에 일부가 흩어지는데, 다른 말로는 산란한다고 합니다. 하늘이 파란 이유는 짧은 파장이 긴 파장보다 더 쉽게 산란하여 그 일부가 우리 눈에 들어오기 때문입니다. 하지만 태양이 낮게 떠 있을 때는 빛이 대기층을 더 길게 지나면서 푸른 빛은 사방으로 흩어져 버리고, 그 대신 파장이 긴 빨간색과 주황색이 살아남아 하늘과 땅을 황금빛 노을로 물들입니다.

달은 중력이 약해서 대기층이 부족합니다. 따라서 햇빛이 걸러지지 않은 채 표면에 도달합니다. 그 결과 달의 하늘은 언제나 깜깜하고, 온도가 극도로 높거나 낮고, 방사선 수치가 위험할 정도로 높습니다.

지구와 달의 크기 비교

태양과 지구의 크기 비교

태양

태양은 너무 거대해서 그 안에 지구가 100만 개쯤 들어갈 수 있습니다. 중력이 얼마나 센지 태양의 중심에서는 극도로 높은 압력 때문에 수소 원자가 융합해 헬륨이 됩니다. 수소가 헬륨으로 변하는 과정을 '핵융합'이라고 합니다. 핵융합이 일어날 때 엄청난 양의 에너지가 나오는데, 그중 우리 눈으로 볼 수 있는 부분을 바로 빛이라고 부릅니다.

태양에서 지구까지의 거리는 1억 4,960만 킬로미터인데, 이 거리가 태양의 사나운 열기로부터 우리를 안전하게 지켜 줍니다. 지구가 아래 사진 속 파란 핀이라면, 태양은 그 옆의 지름 43센티미터짜리 주황색 공입니다. 그리고 핀과 공을 연결한 46미터 길이의 실이 지구에서 태양까지의 거리를 나타냅니다. 이 공을 축구장 한가운데 놓고 핀으로 그 주위를 돌면 태양 주위를 도는 지구의 공전을 흉내 낼 수 있습니다. 태양이 내뿜는 엄청난 에너지 중에서 지구가 받는 양이 얼마나 적은지 아마 매 걸음 느낄 수 있을 것입니다.

수소의 흡수 스펙트럼

헬륨의 흡수 스펙트럼

빛의 전령

태양이 지구에서 이렇게 멀리 떨어져 있는데, 과연 태양이 무엇으로 만들어졌는지 어떻게 알 수 있을까요? 그 답은 잘 보이는 곳에 숨어 있습니다.

햇빛을 프리즘으로 굴절시키면 색이 연속적으로 이어지는 스펙트럼을 볼 수 있습니다. 하지만 '분광기'라고 부르는 기구로 굴절시키면 색 사이에 짙은 선으로 간격이 드러납니다. 스펙트럼의 색은 원자가 방출하는 빛을, 짙은 선은 원자가 흡수하는 빛을 나타냅니다. 이 결과는 위 이미지의 수소와 헬륨의 흡수 스펙트럼이 다르듯 원자마다 모두 다릅니다. 따라서 이 무늬는 마치 빛 속에 숨긴 암호처럼 우리에게 태양뿐만 아니라 다른 별들이 무엇으로 만들어졌는지 알려줍니다.

지구, 달 그리고 별의 합성 사진

세상의 모든 햇살

여름의 마지막 햇살이 창문으로 흘러듭니다. 작고 푸른 지구는 태양 주위를 일 년 내내 돌며 거의 9억 4,200만 킬로미터를 여행합니다. 지구는 자신의 궤도 안에서 매일 자전하면서 아침에는 태양을 향하고, 밤에는 다시 태양에서 멀어집니다. 낮 동안 지구는 태양이 쏟아내는 방대한 에너지를 아주 조금 들이마십니다. 그러나 아무리 적은 양의 빛이라고 해도, 그 빛에 담겨 있는 에너지 없이 우리는 존재할 수 없습니다. 우주를 가로질러 모든 빛 안에서 전율하는 그 에너지 말입니다.

전자기파 스펙트럼

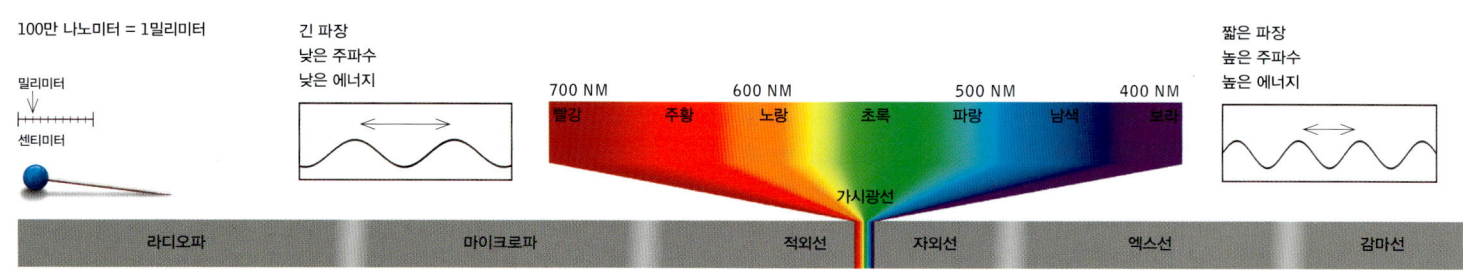

가시광선은 아주 넓은 범위의 전자기 복사 중 아주 작은 구역을 차지합니다. 광파는 나노미터(밀리미터의 100만 분의 1) 단위로 측정됩니다. 620~700나노미터의 빨간색 빛은 가시광선 중에서 파장이 가장 깁니다. 반면에 400~450나노미터의 보라색 빛은 우리 눈으로 볼 수 있는 가장 짧은 파장의 빛입니다. 파장이 짧을수록 파동의 마루가 더 자주 도착하므로, 즉 주파수가 크기 때문에 파동의 에너지가 더 큽니다. 진공 상태에서는 모든 파동이 같은 속도로 이동하기 때문에 어떤 파동이든지 마루 사이의 거리, 또는 파동의 주파수로 설명할 수 있습니다. 주파수가 낮은 라디오파(전파)는 마루 사이가 수 킬로미터에 이릅니다. 주파수가 높은 감마선은 파장이 원자 크기보다도 작습니다.

이 책의 과학과 실험에 관한 설명

이 책은 복잡한 텍스트보다 시각적 표현에 중점을 두었기 때문에 자세한 과학적 배경지식이나 실험 방법을 본문에 싣지 못했습니다. 더욱 전문적인 지식을 원하거나 호기심이 많은 독자는 아래 설명을 참조하기 바랍니다.

빛이란 무엇일까?

지금까지 100가지 이상의 원자가 알려졌지만, 그중에서도 탄소, 수소, 산소, 질소가 가장 흔합니다. 황, 인과 함께 이 원자들은 지구에 존재하는 거의 모든 생명의 토대가 됩니다. 원자의 중심부를 핵이라고 부르는데, 핵은 영구적인 운동 상태에 있는 하나 이상의 전자로 둘러싸입니다. 한 원자가 가진 전자의 개수가 그 원자를 다른 원자와 구분합니다. 예로, 수소는 전자가 하나지만, 탄소는 여섯 개, 산소는 여덟 개의 전자를 가졌습니다. 원자가 빛을 방출할 때, 전자는 핵에 더 가깝게 끌어당겨집니다. 원자가 빛을 흡수할 때, 전자는 핵에서 더 멀리 밀어냅니다. 대개 원자는 여럿이 모여 있는 상태로 발견되는데, 이를 '분자'라고 합니다. 분자들은 무수한 방식으로 결합하여 지구에서 끝없이 다양한 물질을 만들어냅니다. 그러나 빛을 흡수하고 방출하는 것은 여전히 이 물질 안에 뒤섞여 있는 엄청난 수의 원자들입니다.

빛은 에너지다

양초는 탄화수소 분자로 만들어진 화합물인 파라핀에서 연료를 얻습니다. 탄화수소라는 이름은 그 안에 들어 있는 수소와 산소 때문에 붙여졌습니다. 덩치가 큰 탄화수소가 촛불의 열기에 의해 분해될 때 공기 중의 산소와 결합하여 크기가 작은 이산화탄소와 물 분자로 모습을 바꾸는데, 그 과정에서 빛 에너지를 방출합니다.

백열광

가열된 물질과 가열된 물질이 방출하는 색의 상관관계를 '색온도'라고 부르고, 발견자의 이름을 딴 켈빈(K)이라는 온도 단위로 측정합니다.

백열광이 색상 스펙트럼의 모든 색을 발산하긴 하지만 낮은 온도에서는 붉은색이 두드러지고, 온도가 올라갈수록 푸른색이 증가합니다. 예를 들어, 양초의 붉은빛은 1,850K이고, 노란빛이 도는 가정용 백열전구는 2,700K입니다. 반면, 5,500K인 햇빛은 푸른색이 충분히 섞여 있어 흰색으로 보입니다. 물질을 가열하지 않고 만들어지는 빛은 '발광'이라는 넓은 범주로 구분하고, 형광등, 나트륨등, LED 조명이 여기에 속합니다. 이러한 광원은 색상 스펙트럼에서 색 사이의 간격이 크며, 그 결과 초록색, 노란색, 파란색 색조의 빛을 낼 수 있습니다.

빛의 파동

물의 파동을 통해 빛의 파동을 이해할 수 있지만, 몇 가지 차이점이 있습니다. 첫째, 수면 위에서 진동하는 공은 평면에서 이차원적으로 파동을 보내지만, 빛의 파동은 삼차원으로 발산합니다. 또한 빛은 이중적으로 행동합니다. 즉, 빛의 행동을 파동이 아닌 '광자'라는 입자로 보고 설명하는 게 더 편리할 때가 있다는 뜻입니다. 광자는 물리적 질량이 없는 에너지 다발입니다. 광자는 빛의 속도로 이동하고, 각 광자의 주파수와 에너지양이 빛의 밝기와 색에 영향을 줍니다. 과학자들은 더 이상 빛이 파동이냐 입자냐를 놓고 논쟁하지 않습니다. 둘 다 맞기 때문입니다. 이런 특성은 파동-입자 이중성이라고 알려졌습니다.

빛과 장애물

이 실험을 위해 바깥에 설치한 거울을 사용해 창문을 통해 들어오는 햇빛의 방향을 바꾸었습니다. 물을 채운 상자는 3밀리미터 두께의 아크릴로 만들었고, 분유를 조금 넣어 물속에서도 빛이 잘 보이게 했습니다. 따로 상자를 제작하지 않아도 유리나 투명 플라스틱으로 만든 단단한 통이면 실험에 충분합니다. 다만 빛이 꺾이는 정도는 다를 것입니다. 굴절하는 빛이 꺾이는 정도의 차이를 '굴절 지수'라고 합니다. 성능이 좋은 카메라는 반드시 굴절 지수가 다른 여러 개의 렌즈가 들어 있습니다.

색상 스펙트럼

유리 프리즘을 사용했고, 거울을 이용해 밖에서 들어오는 햇빛의 방향을 바꾸었습니다. 골판지 사이로 빛이 들어오는 틈은 폭이 약 3밀리미터입니다. 하지만 그것보다 좁아도 상관없습니다. 스펙트럼의 색이 더 잘 보이도록 프리즘을 통과한 빛의 경로를 따라 흰색 종이를 비스듬히 세워 놓았습니다.

사라지는 색깔 속임수

3,200K짜리 텅스텐 백열전구 조명을 각각 빨간색, 초록색, 파란색 젤에 필터링한 다음 서로 겹치도록 벽에 원형으로 비췄습니다. 카메라와 디지털 기기에는 빨강, 초록, 파랑이 기본색입니다. 이런 장치에서는 이 세 가지 색을 기본으로 다른 모든 색이 만들어집니다.

팽이 윗면의 색은 잉크젯 프린터로 출력했지만 팽이를 돌렸을 때 두 팽이 모두 회색으로 보이기까지 여러 번의 시행착오를 거쳐야 했습니다. 한 색이 너무 짙으면 회색에 다른 두 색이 조합된 색이 나타났습니다.

이 책처럼 인쇄된 책에는 검은색과 시안(C), 마젠타(M), 노란색(Y)의 작은 점이 함께 보입니다. 이런 방식을 CMYK 인쇄라고 하며, 여기서 'K'는 검은색을 나타냅니다. 검은색 잉크가 따로 있지만, 이 책에는 검은색과 짙은 회색에도 대부분 CMY 색깔의 점이 들어 있습니다.

무지개색훈색

두 파동의 마루가 같은 자리에서 만나 정렬하는 경우를 '보강 간섭'이라고 합니다. 그로 인해 특정 색이 강해지거나 증폭하기 때문입니다. 반면에 두 파동의 마루가 제대로 정렬하지 못하면 '상쇄 간섭'이 됩니다. 서로 다른 위치에 정렬된 두 파동의 합이 눈에 볼 수 없는 파장을 모방해 아무 색도 보이지 않기 때문입니다. 기름이 떠 있는 물은 얇은 기름 막 앞뒤로 반사되는 빛의 간섭 때문에 무지개색으로 보입니다.

반짝이는 자연의 색

미세 구조에 의한 빛의 간섭 효과로 발생한 색을 '구조색'이라고 합니다. 빛이 미세한 평행선이 새겨진 유리나 플라스틱을 통과하거나 반사할 때도 간섭이 일어납니다. 그 선에 부딪힐 때 빛이 분산되면서 옆선에서 분산되는 빛을 방해하므로 무지개 효과가 나타납니다. '회절격자'라고 부르는 이 패턴은 분광기처럼 빛을 분석하는 도구에서부터 홀로그램 은박지나 플라스틱에 이르기까지 어디에서나 사용됩니다.

색소

앞에서 보았듯이 빨간색 빛을 초록색 빛과 섞으면 노란색 빛이 되고, 그 노란색 빛을 파란색 빛과 섞으면 흰색이 됩니다. 빛의 색을 섞는 일을 '가산 혼합'이라고 합니다. 한 파장의 빛에 다른 파장의 빛을 더하기 때문입니다. 반면에 물감을 섞는 일은 '감색 혼합'이라고 부릅니다. 예를 들어 파란색 물감과 노란색 물감을 섞으면, 두 색소의 빛을 모두 흡수해 결과적으로 흰색이 아닌 초록색이 되기 때문입니다.

렌즈/보이지 않는 것 보기

밝은 햇빛만 있으면 어떤 돋보기도 '점화 렌즈'가 될 수 있습니다. 렌즈를 점화용으로 사용할 때는 정말 정말 주의해야 합니다. 지름이 큰 렌즈일수록 에너지를 더 많이 모아 더 뜨겁게 태웁니다.

렌즈와 멀리 있는 물체의 선명한 상 사이의 거리를 '초점 거리'라고 합니다. 렌즈의 초점 거리를 결정하는 것은 렌즈의 지름이 아니라 곡률입니다. 26쪽에서 사용한 렌즈의 초점 거리는 300밀리미터, 지름은 100밀리미터입니다. 27쪽에서 사용한 렌즈의 초점 거리는 100밀리미터, 지름은 50밀리미터입니다.

물 렌즈를 고정한 나사받이의 구멍은 약 6밀리미터이며 물 1~3방울을 매달 수 있습니다. 물이 많을수록 렌즈가 둥글어져 더 크게 확대됩니다. 플라스틱처럼 얇고 방수가 되는 재료로 물 현미경을 만들 수 있습니다. 3~6밀리미터의 매끄럽고 둥근 구멍이면 됩니다. 표본을 밝게 비추었을 때 가장 잘 보이고, 물방울에 눈을 아주 가까이 대고 봐야 합니다.

태양

큰 분자가 작은 분자로 분해되면서 빛 에너지가 방출되는 촛불과 달리, 태양 에너지는 태양의 핵에서 엄청난 압력 속에 수소 원자가 융합하여 헬륨으로 변할 때 나옵니다. 태양 핵의 중심 온도는 약 1,500만 K지만, 그 열이 태양의 표면에 도달할 때 즈음이면 약 5,800K까지 떨어집니다.

세상의 모든 햇살

우주에서 지구의 사진을 찍으면 다른 별들은 심한 명암 차이로 보이지 않습니다. 지구와 태양의 상대적 위치와, 별이 어디에나 존재한다는 걸 보여주기 위해 34쪽의 사진은 지구, 태양, 별의 개별 사진을 합성했습니다.

태양은 지구에서 9억 4,200만 킬로미터나 떨어져 있지만, 다른 별들은 훨씬 더 멀리 있기 때문에 광년, 즉 빛이 일 년 동안 이동하는 거리를 단위로 측정합니다. 가장 가까운 별은 4광년 이상 떨어져 있습니다. 가장 멀리 있는 별은 130억 광년쯤 되는 거리입니다. 하지만 이처럼 상상도 할 수 없이 광활한 우주에서도 빛은 별이 무엇으로 만들어졌는지 알려주는 단서를 들고 용케 우리를 찾아옵니다.

글과 사진 월터 윅

월터 윅은 1997년 보스턴 글로브 혼북상 수상작인 『물 한 방울』의 작가이자 사진가입니다. 또한 세계적인 베스트셀러 『너도 보이니?』 시리즈의 저자이자, 『눈속임』 시리즈에서 진 마졸로의 수수께끼에 어울리는 사진을 찍었습니다. 월터 윅은 '뉴욕타임스'지와 '뉴스위크'지를 포함한 도서, 잡지, 신문에 사진을 실었습니다. 그의 사진들은 미국 전역의 박물관을 장식하고 있으며, 현재 플로리다 마이애미 비치에서 아내 린다와 살고 있습니다.
월터 윅에 더 자세히 알고 싶다면, www.walterwick.com과 www.scholastic.com/canyouseewhatisee 웹사이트를 참조하면 됩니다.

옮긴이 조은영

어려운 과학책은 쉽게, 쉬운 과학책은 재미있게 번역하고자 고군분투하는 번역가. 서울대학교 생물학과를 졸업하고, 서울대학교 천연물과학대학원과 미국 조지아대학교 식물학과에서 석사학위를 받았습니다. 조지아대학교와 충남대학교 연구원으로 일했으며, 거시생물학에서 미시생물학까지 두루 익힌 자칭 '척척 석사'입니다. 옮긴 책으로 『10퍼센트 인간』 『세렝게티 법칙』 『랜들 먼로의 친절한 과학 그림책』 『침입종 인간』 『나무에서 숲을 보다』 『오해의 동물원』 『내가 태어나기 전 나의 이야기』 『애니멀 타임스』 등이 있습니다.